AF345407

A FLOR DE SER

RAQUEL ARANDA GARCÍA

A FLOR DE SER

EXLIBRIC

ANTEQUERA 2021

RAQUEL ARANDA GARCÍA

A FLOR DE SER

*Me he pasado la vida
disfrazando lo que siento
de silencio roto en tinta.*

*Por eso aquellos poemas
que olvidé entre las espinas
sirven para florecer latidos,
y recordarme a mí misma
cuánto he crecido conmigo.*

I

Si no escuchas a tu corazón,
acabarás con el alma ensordecida.

Melancolía del sinsentido

Soy cuerpo, tan solo:
materia en completo caos,
alma que ensordeció sus sentidos;
vida fluyendo en un frasco de lágrimas;
motas de polvo que alumbran la luz
y tienen por guía al viento.

Eché a volar a capa tendida,
pretendiendo el cielo sin alas,
consiguiendo, a penas, su azul.
Pues no, él jamás se dejará rozar,
porque él es el fin imposible
de todos los posibles sueños.

Intenté causar finitud al sinfín
y tocar el edén de un eterno.
Pero solo causé, por un tiempo,
cosquilleo al firmamento;
y ansiar sentir lo más alto
me hizo caer aún más hondo.

Pretendí atrapar al tiempo,
pero qué absurdo es quererlo:
si él vuela, y yo,
yo aún no he aprendido a andar,
y ser esclava del transcurso
no es tenerlo en su pasar.

Sin embargo, intentar inevitables
no es amar la sinrazón.
Porque ¿cómo no atarse a ella?
Si la existencia jamás tendrá su verdad.
Si su mayor certeza es la perdición.
Si la vida es sinsentido, ¿por qué no vivir de tal?

Al cielo

Aún, a cada paso,
sigo mirando hacia el suelo:
preguntándole hasta donde alcanza el cielo,
como para ser capaz de esconder
más preguntas que frenen mi mente
de las que ya frenan mis pies.
¿Y sabes qué me responde siempre?
Que mi pregunta es la que me impide ver.
Porque el sentido correcto es
«la mente en vuelo y el cielo a tus pies».

Otro caminante

En ocasiones me paro a pensar
si el camino ya está escrito,
o es solo casualidad
que hablemos sobre el destino,
aunque exista por azar.
No entiendo de direcciones,
ni comprendo el recorrido,
ni dudo que haya un final,
aunque cuestione el principio.

Tan solo me dejo llevar, sin más.
Sin rumbo en el porvenir,
sin dejar sentido atrás,
sin perjuicios del ayer,
ni prejuicio en qué será;
sin calma por descubrir,
ni prisa por continuar;
por guía, mi corazón
y el mapa, mi libertad.

El problema en el camino
es recorrerlo pisándonos,
dejando que nuestras huellas
sean las que marquen el paso,
en vez de que cada pisada
esboce su propio trazo.
Porque no sirve el camino
si permites que lo andado
manche lo que aún no ha sido.

Caminar es seguir avanzando.
Aprendiendo a recordar
que el recuerdo ya es pasado,
sin olvidar que su esencia
es presente en cada tramo.
Caminar es seguir avanzando.
Pero es imposible andar
sin comprender que el camino,
a veces, consiste en dejarlo pasar.

Eterno juego

Vida y tiempo
solían jugar a ser uno,
hasta que un día la vida
echó a correr,
huyendo del minutero.
Cuando lo perdió de vista,
se arrepintió,
porque desde ese día
el tiempo sin la Vida
sigue corriendo;
la Vida, sin el tiempo, no.

El don del polvo

Ahora estoy aquí,
agonizando verso en silencio,
escribiéndole a lo incierto.
Gritando a un oído mudo
que me niego a inexistir,
que merezco mi verdad;
que tan solo es un juego mi vida
y tan solo me pierde ganar.

Yo, que me ahoga tragar todo ego
y me inunda la sed de pasión.
Yo, que amo hasta el colmo mi odio
y soy mi propia extinción.
Yo decidí acusar al viento
de ser mi peor rival,
y jurarle por vida al tiempo
mi efímera lealtad.

Porque aprendí con los años
que el tiempo no me disipa,
por mucho que él lo intente.
Porque aprendí con los daños
que solo es del polvo ese don:
el don de extraer toda alma,
de hurtar al cuerpo su mente,
de tornar, todo ser, en puro inerte.

Valor

Ser valiente es enfrentar
la realidad tal como viene.
La suerte de los cobardes
es que el miedo les protege.
Pero la valentía va desnuda,
por eso en ocasiones duele.

La causa de un mar

Intenté inventar silencio
con tal de cesar el mundo.
Siendo, apenas sin ser,
tan solo me pausé sigilos.
Ansiaba agarrar el viento
y asfixiar su libertad;
romper de afonía el llanto
de toda una realidad.

Decidí andar sobre sueños
y fundirme en subconsciente,
buscando la voz dormida
que deja mis noches en vilo;
besar a mi monstruo de armario
por hacerme sentir valiente,
y atrapar las pesadillas
que un día me dieron asilo
al hacer temblar mi mente.

Quise ser ira rotunda
a orilla abisal del subsuelo.
Enjaularme por vida en éter,
hasta hacer trizas mi eco:
gritando hasta brindar sordera
y retumbar de mutismo el cielo.
Quise hacer yacer mis lágrimas,
hasta llenar de vacío
todo lo que fue desierto.

Quise ser un imposible
que cualquiera pudiese exhalar.
Pero, antes de lanzarme al viento,
me paré a ser reflexión.
Yo le pregunté a mi alma
si no estaba harta de ser vapor.
Tan solo me supo decir
que ella es la causa de un mar.

Ser y no ser

Soy todo lo que soy
por todo lo que día a día
sigo negándome a ser,
y todo lo que aún me queda
tras cada atardecer.
Pero si somos lo que somos
por nada de lo que no hemos sido
y todo lo que quizá seremos,
¿qué somos
sino un sueño en blanco
condenado a tiempo?
¿Sino un pasado ennegrecido
por el peso de volverse polvo?
¿Sino un destino mal esbozado
de esperanzas al azar
e ideas presas del cambio?
¿Sino la extraña esencia
de un alma que aún no sabe
si es por ser o por no ser?
Entonces, ¿qué somos
sino sabor insípido
con regusto interminable?
¿Sino una dulce utopía?
Sino el amargo deseo
y la lucha sin cuartel
de todo lo que siempre fuimos
contra lo que creímos ser.

De agua

Soy el agua que resuena
entre surcos invertidos,
hechos de barro y silencio
por la mente de algún niño
que juega con mi interior
a moldear sus delirios.

Soy melodía sin destreza,
desacierto con sonido;
lágrimas de lluvia rota
de tanto caer al vacío,
o gotas entre ojos secos
de tanto cerrarse al olvido.

Soy armonía envuelta en caos,
disonancia en pleno pulso;
ola amarga reducida a sal
de tanto luchar sus riscos,
o espuma convertida en mar
por aceptar su destino.

Yo no sé si uno u otro,
o si tal vez son lo mismo.
Solo sé que soy de agua:
siempre gota, a veces lágrima,
y tal vez marea en mente,
o puro vapor hecho espíritu.

Yo no sé si uno u otro.
Solo sé que soy de agua,
y solo sé lo que he sido.
Por eso sigo fluyendo,
para encontrar mi sentido:
si soy lo que desemboco,
o lo que hago nacer conmigo.

II

El eco es siempre interno
hasta que haces grito tus silencios.

Dentro

Dentro.
Inhalo aire y suspiro dentro,
donde el mundo está pausado
a base de ritmos lentos;
donde faltan las palabras
y me sobra desaliento,
para pedirle a mi alma
que encadene sus silencios.
Que he callado tantas veces
que he vuelto mudo mi verso,
y ahora no tiene razones
para hablarme de recuerdos;
y ahora no le quedan fuerzas
para darme voz de nuevo.

Dentro.
Exhalo ruina y busco dentro,
donde persisto conmigo,
padeciendo lo que siento;
donde todas mis certezas
sospechan que aún me miento.
Pero yo no soy cobarde,
solo temo;
ni tampoco soy poeta,
solo expreso.

Expreso por matar las noches
y seguir amaneciendo.
Expreso por frenar mi mente
y querer correr el tiempo,
que me aísla entre paredes
que yo me he creado dentro.

Hoy vuelvo a descubrir
que tan solo es verdadero
todo lo que te hace ser
cuando nada sigue siendo.
La realidad es la esencia
capaz de llenar momentos,
vaciando lo que es
para no volver a serlo.
Y aunque a veces el «ahora»
pese más a cada tempo,
sé que ningún presente
se hizo para ser eterno,
y que siempre tiene fin
si sabes paliarlo dentro.

Hoy vuelvo a desgarrar
el dolor que sigue interno,
pretendiendo liberarme
de latir más sentimiento.
No me advirtieron qué instantes
requerían ser de acero,
y yo me arropé entre el abrigo

de una silva y un soneto.
Por eso ahora la estrofa
me tiembla si la desvelo:
si ella escribe y yo me leo.
Porque entono sus secretos
y hago rima de mis miedos,
al tratar de darle cuerpo
a un anhelo tan profundo
que nace, y mata, por dentro.

Caos por orden

A veces,
uno necesita estallar
para poder tocar la calma.
Hacer trizas su vida,
aliviar todos sus ruidos
y alterar cada silencio,
hasta encontrar
refugio en el cambio.
En eso consiste el caos.
Por eso es el mejor orden.

Rabia dulce

Rabia.
Rabia dulce.
Rabia de consciencia amarga
y de impaciencia insípida.
Rabia con sabor a nada,
rabia con regusto a todo.
Rabia hecha caos en mente
y mentiras ordenadas.
Rabia incierta y segura,
entre casual y esperada.
Rabia que no se recuerda,
aunque no sea olvidada.
Rabia que no se extingue:
porque nace, muere
y sigue siendo llama.
Rabia hecha pedazos.
Rabia desgarrada.
Rabia sin reparo.
Rabia camuflada
de ira en vano
y sonrisas esbozadas.
Rabia en cada suspiro,
rabia en cada palabra.
Rabia decidida, no acabada.
Rabia que hice mía,
o que me hizo ser mi rabia.

Rabia.

Rabia dulce.

Pero rabia, al fin y al cabo.

Cenizas

No, donde hubo fuego
nunca quedan brasas,
tan solo cenizas.
Restos igníferos
de todo lo que alguna vez
creíste inconsumible.

En clave de Fa

Como las voces barítono,
o varios versos de un secreto.
Como las melodías más tristes
y sus verdades más puras.
Como un compás desenfrenado
de pasión medida en tempo,
y armonía esclavizada
por sentimientos libertos.
Como un pentagrama sin pausa,
que a la tercera da la vencida,
o tal vez a la cuarta.
Como infinitos instantes
resguardados bajo llave
para retar a lo eterno.
Como unas notas desatadas,
de esas que lees entre líneas
hasta alterar tu propia escala.
Como todo eso,
y a la zurda de un piano,
hay poemas que laten
en clave de Fa:
sonidos graves,
silencios negros;
golpes de instantes
y caricias en seco.
Porque somos melodía
vibrando en tono presente,
pero al son de los recuerdos.

Teoría del silencio

Deja que el mundo escuche el ruido
que hacen todas tus derrotas.
Así un día entenderán
cómo llegaste a dominar el silencio.

Paz en ruinas

Hace días que retengo
las respuestas en mi mente,
y aun así sigo esperando
la pregunta que me acierte.
Porque hace días que busco,
y ni yo me encuentro;
y escribo con cada sentido,
pero no leo sentimiento.

Hace días que acumulo
latidos entre botellas,
y aun así no se rebosan
del vacío de mis letras.
Porque hace días que falta
en mi mensaje una causa,
y por eso no hace efecto
en las razones del alma.

Hace días que hago días
queriendo saber qué me pasa.
Que he derramado olvidos
con lágrimas de agua pasada.
Que he traicionado el sentido
de aliviarse con palabras.
Que he atascado mi vía
de tanto exigirle escapadas,
y ya no me queda nada
de lo que llaman «poesía».

Hace días que no se hacen.
Hace días que no me hago.
Ya no sé pausar mis ruidos,
ni acelerar los silencios.
Ya no sé borrar mis comas,
ni reescribir su suspenso.
Ya no sé si yo me hago,
o si me hago con saberme;
solo sé que no me sé
desde que no sé rehacerme.

Necesito de esa paz
que hace días que no vivo.
Porque me ofrece sus alas
para hacer volar suspiros.
Porque me presta su aire
para exhalarme respiros.
Porque me entrega su don
de hacer verso cada grito.

Necesito de esa paz
para no hacer días de ruina,
para construir mis principios
y aceptarme hasta el final.
Para que cuenten mis hechos
y eche cuentas con mi azar:
hasta que el fin no me encuentre,
porque yo me haya encontrado ya.

Vuelos fallidos

Un acierto cada tres caídas
me enseñó que la suerte
nunca es cuestión de azar.
Aunque necesité más que el cielo,
más de un sueño a ras de suelo,
y menos vértigo al vacío,
para darme cuenta de que
los intentos de vuelo fallidos
también dan alas.

A flor de ser

Cuánto puede resistir un corazón partido,
si cada latido le destroza un poco el pulso.
Cada vez cae más en arritmia y desuso.
Cada tempo causa mucho menos ruido.
Cuánto puede sobrevivir sin un suspiro,
sin una pausa fugaz o un acelerón lento.
Sin algo capaz de seguirle bien el ritmo,
ni nada que se atreva a alterarlo por dentro.
Dime cuánto, que cuento sus pulsaciones.
Repite cuánto y descuento el marcapasos.

Cuánto puede aprender él de sus errores,
si nunca supo memorizar bien el olvido.
Si bombea a base del recuerdo y lo sentido.
Si entrelaza las heridas con pasiones,
para así cicatrizar sus sufrimientos
y coserse por encima pedacitos de alivio.
Cuánto puede él desaprender sus emociones,
si nunca supo distinguir alma de piel.
Si todo lo que ha vivido, sigue enraizado en él.
Y todo lo que alguna vez le hizo morir,
en cierto modo (u otro sentir),
sigue germinando a flor de ser.

III

La poesía es el arma mortal
del que solo vive de sentir.

Bajo piel

Si no hubiese sabido
que el alma es vivencia entrelazada,
que los golpes cicatrizan en papel
y la musa es el reflejo de un fantasma.

Si no hubiese sabido
que hay lágrimas que no se lloran,
que hay versos trazados bajo piel
y silencios que desgarran prosa.

Si no hubiese sabido lo que hoy sé,
de mis miedos quedaría cobardía,
de mis penas no sabría la alegría
y entre recuerdos me olvidaría.

Porque a veces el tiempo solo pasa
refugiado en la tensión de no ser nada,
pereciendo entre las comas de un sinfín
o fragmentándose en palabras.

Porque a veces hay heridas tan profundas
que tienen cabida en muy poco:
tanto que si las rasgas, no duran;
tanto que si las abres, se curan.

Por eso, todo lo que nunca dije
siempre calló entre las letras,
donde puedo gritar cada vez
que mis ruidos me enmudezcan.

Por eso, todo lo que «soy»
seguirá siendo en lo escrito:
porque en cada punto aún me extingo
y a cada página sé que aún revivo.

Guerra y gloria

Toda realidad es una guerra interna
entre frentes múltiples.
Pero es imposible luchar tus presentes
atrincherado en el pasado.
Por eso, hoy cuelgo mi mayor temor,
prendo cada mal recuerdo,
abro fuego a su dolor
y dejo atrás mis incendios.
Por eso, tras muchos años
de tanta guerra y tan mi ruina,
por fin, la paz mental
me sabe a gloria.

A destinta

Hoy respiro hasta asfixiarme,
me diluyo entre mis mares
y naufrago hasta ser tinta
entre letras sin mensaje.
Que otra vez la mala vibra
me ha sonado hasta estallarme
entre silencios que gritan
como vía de mi escape.

Hoy la prisa se me para,
y la pausa me dispara
a volarme entre esta pluma
que otra vez me da sus alas.
Que sin tiempo y a destinta,
me destruyo, me rehace;
me describo, me descifra;
me desangro, me renace.

Que esta pluma guarda verso
para coser cada herida.
Que esta pluma me da encuentro,
aunque me dé por perdida:
hace efecto de mis luchas,
hace causa mis defectos,
rectifica mis errores,
simplifica mis complejos.

Que esta pluma me da vida,
aunque yo no lo pretenda.
Que con un solo contacto
rompe, altera y me arregla.
Porque escribirme me alivia,
pero escucharme me seda.
Porque leerme me cura,
pero entenderme me regenera.

Sentio ergo sum

«Pienso, luego existo» es un sinsentido
para el que existe sin pensarlo,
para el que vive de sentirlo,
para el que muere al expresarlo.
«Siento, luego existo» es una razón
que siempre late con más fuerza.

Liberación

Liberación
es una palabra tan compleja
que su esencia te hace simple.
Liberación
es una sensación tan profunda
que te inunda en plena orilla.
Liberación
no es volar, sino dejarte llevar;
no es seguir la corriente, sino saber fluir con ella;
no es encontrar la paz, sino aprender a serla.

Eso es liberación.

Dicen que cuando alguien se libera,
es porque ha sido capaz de tomar consciencia
y jugar con ella hasta el punto de ser agua.
Dicen que cuando alguien se libera,
es porque una vez logró desprenderse de su ser,
y ahora todo lo que sobra es fácil de deshacer.
Dicen que cuando alguien se libera,
todo lo que toca se convierte en alas,
porque aprende que la libertad consiste en eso:
en ser un todo hasta con la Nada.

Eso es liberación.

Mencionada en tantas miradas al universo,
que una mayoría aún la estima a años luz.
Sin embargo, cualquiera podría alcanzarla.
La clave es dejarte ser, sin más…
y serás liberación.

Materia y forma

Alma es todo lo que ves
cuando comprendes que un cuerpo
solo es materia que hace sombra
a una esencia con tal luz
que podría dejarte ciego.
Por eso, quien vive con alma,
jamás dejará de amar nada:
ni de amarse de por vida,
ni de amarla.

Heridas bien versadas

El presente me hace aguas
porque aún fluyo en el pasado:
me he atado a tantos cabos
que ahora vivo a la deriva;
me he hecho tantas preguntas
que mis respuestas se asfixian,
y me he desgastado tanto
que aún me tiembla la sonrisa.

El presente tiene lagunas
porque discurro al mañana:
me sumerjo en tantos sueños
que he fundido mente y alma;
me inquieta tanto lo incierto
que es mi mar el que naufraga,
y me puede tanto el tiempo
que su pasar me hace esclava.

Sin embargo, supe, y sabré,
que todas mis debilidades
siempre son mi punto fuerte,
para entender que el pasado
es dueño de mis presentes;
y el presente, preso eterno
de un futuro tan lejano
que se vuelve inexistente.

Ya no dudo ni un segundo
qué es lo que me ató a ser yo.
Ya no escondo mis defectos,
ni camuflo mi interior;
ni me lleno de mi ausencia,
ni me hiero con complejos;
ni cuestiono a mi existencia
si vive o es solo presencia.

Ahora, elijo seguir siendo yo:
con mis idas y venidas,
con mi gran indecisión;
con mi insania, mis manías;
con mi ruina y mi dolor,
con mi cruz y mi pasión;
con virtudes imperfectas
perfeccionando su unión.

Ahora cierro mis silencios,
callando cada sentir
bajo versos con vestigios.
Porque con ellos respiro,
me alivian los sentidos
y me sedan los suspiros.
Porque en ellos yo coexisto:
pasado, presente y destino.

Por eso me quiero:
por nada y todo lo que he vivido,
plasmándolo entre mis páginas
y plasmándome en lo escrito.
Porque nunca he roto mis sueños,
solo entintado alguna esperanza.
Y no tengo cicatrices mal cosidas,
sino heridas bien versadas.

Alas en mente

Llamar libertad a estar vivo es tan absurdo
como decir que tener alas es volar.
Pues hay quien vuela con las alas rotas
y quien se ha vuelto alas sin poderse alzar.
Por eso se «está vivo», pero no se «está libre».
Porque ser alas es un estado mental.
Porque libertad se es, o no será.

Qué es poesía

¿Qué es poesía, sino morir y dar vida?

Saber dejar de ser para empezar a serte.
Que escribir es descubrirte, hasta poder leerte.
Es saciarte cada miedo entre lágrimas de sed
y coser las cicatrices que hilachan bajo la piel.

¿Qué es poesía, sino morir y dar vida?

Enterrarte entre recuerdos en un trozo de papel.
Sepultar tus sentimientos bajo prosa de silencio.
Recordarte en cada letra lo que un día te hizo ser,
pues lo eterno es la palabra, no lo que conoce el tiempo.

Por eso entrecruzo mis pasos con versos a medio camino,
por ver si tropieza mi azar con la tinta del destino.
A ver si le impregna un poco de sentimiento y sentido,
pues morir también se muere, aunque sigas estando vivo.

Porque morir no es cesar, no es el fin, ni es final.
Es seguir tu recorrido, aunque enfrente esté el atrás.
Es matarte en algún paso y renacer siendo más.
Es asumir que ya has «sido» para ser fiel al «serás».

Para eso tengo poesía: verso adverso o prosa en prisa.
No me importa si se esconde, si me calla o nos desvela.
No me importa si acelera, si me pausa o sangra lenta,
porque no nos conocemos, pero sé que siempre espera.

Jamás penséis que el poeta es el que escribe poesía.
Tan solo es el que la sufre en cada trazo al escribirla,
y le entrega su experiencia, aunque muera al revivirla;
y la crea sin creerla, y la siente sin tenerla.

Y sin embargo, ella, agradecida,
por cada muerte, da más vida.
Porque ¿qué es poesía, sino morir y dar vida?
Porque ¿qué es la vida, sin morir en cada poesía?

Índice

III

Sobre la autora

Raquel Aranda García nace en Madrid el 24 de febrero de 2000. Graduada en Historia del Arte por la UCLM, entre sus intereses destaca la filosofía y la psicología del arte, especialmente su aplicación como medio terapéutico de autoconocimiento.

Comenzó a volcarse en la escritura a los quince años bajo la supervisión de su profesora de Literatura. Tras casi siete años de divulgación mediante concursos y redes sociales, presenta su primera obra escrita, A flor de ser, un proyecto de introspección, donde busca conocerse y darse a conocer a través de lo que, según ella, le ha ayudado a convertirse en lo que es: la poesía.

www.ingramcontent.com/pod-product-compliance
Lightning Source LLC
LaVergne TN
LVHW041234200726
843507LV00013B/2691